CATALOGUE

D'UNE BELLE COLLECTION

D'ESTAMPES

PRINCIPALEMENT

DE L'ÉCOLE FRANÇAISE DU XVIII SIÈCLE

PIÈCES IMPRIMÉES EN NOIR ET EN COULEUR

VIGNETTES, ÉPREUVES TIRÉES HORS TEXTE

PORTRAITS

PIÈCES HISTORIQUES SUR LA RÉVOLUTION

EAUX-FORTES MODERNES

dont la vente aux enchères publiques aura lieu

Hôtel des commissaires-priseurs, rue Drouot, 9

SALLE Nº 4

Les Jeudi 26, Vendredi 27 et Samedi 28 Janvier 1882

A DEUX HEURES PRÉCISES

Par le ministère de Mᶜ **MAURICE DELESTRE**, commissaire-priseur

RUE DROUOT, 27

Assisté de MM. **DANLOS** Fils et **DELISLE**, marchands d'estampes

QUAI MALAQUAIS, 15

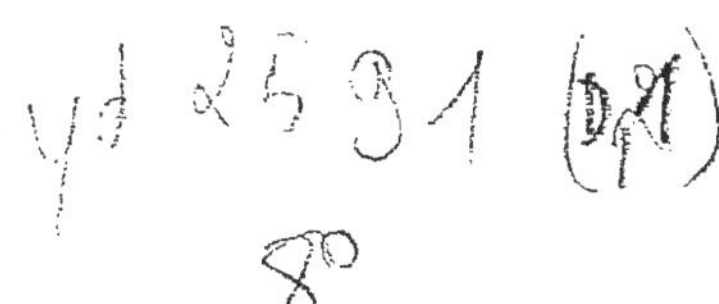

CONDITIONS DE LA VENTE

Elle sera faite au comptant.

Les acquéreurs paieront cinq pour cent en sus des enchères.

MM. Danlos fils et Delisle, chargés de la direction de la vente, se réservent la faculté de diviser ou de rassembler les lots.

ORDRE DES VACATIONS

1re vacation le *Jeudi*	26 *Janvier*.	— Numéros	1 à 204.
2^e	—	*Vendredi* 27	—	—	—	205 à 409.
3^e	—	*Samedi* 28	—	—	—	410 à la fin.

DÉSIGNATION

ALIX (P.-M.).

1. Diderot. — Helvétius. Deux portraits d'après M. Vanloo. —
— Très belles épreuves en couleur.

2. Le Général Bonaparte, d'après Appiani. — Très belle
épreuve en couleur. Rare.

ANONYMES.

3. La Place de la Concorde, vue du Pont Tournant. — Charmante petite pièce gravée à l'eau-forte.

4. Jeune homme caressant sa Maîtresse. — Petite pièce
ovale en couleur.

5. Le Duc d'York à cheval. Petit in-folio gravé à la manière
noire. — Très belle et rare épreuve avant la lettre.

6. Rideau de Théâtre. — Pièce intéressante pour les costumes.

AUBERT (M.).

7. Louis, Dauphin de France, d'après de la Tour. — Très
belle épreuve.

AUDRAN (J.).

8. Les Batailles d'Alexandre. Suite de six pièces. — Belles
épreuves.

BANCE (à Paris, chez).

9. Seconde Évasion de la Bastille de M. de Latude, ingénieur.
Pièce gravée à la manière du lavis, avec légende expli-
cative. — Très belle épreuve avec toute sa marge.

BARBIERS (d'après P.).

10. Chambre Moderne. Sujet tiré de la pièce du même nom. Pièce intéressante comme costumes, gravée par Vinkeles. — Très belle épreuve.

BARTOLOZZI (F.).

11. Marie-Christine, Archiduchesse d'Autriche, Gourvernante des Pays-Bas, d'après le Ch[ier] Roslin. Grand in-folio. — Belle épreuve tirée en bistre.

BAUDOUIN (P.-A.).

12. Les Amants surpris, par. P.-P. Choffard (E. B. 3). — Très belle épreuve.

13. La même composition, gravée par Harleston (3). — Très belle épreuve avec toute sa marge.

14. Annette et Lubin, par Ponce (9). — Très belle épreuve. Remargée.

15. Le Catéchisme, par Moitte (12). — Belle épreuve.

16. Le Chemin de la Fortune, par Voyez major (14). — Très belle épreuve avec une grande marge.

17. Le Coucher de la Mariée, gravé à l'eau-forte par J.-M. Moreau le jeune et terminé par J.-B. Simonet (16). — Très belle épreuve.

18. La même estampe. — Très belle épreuve.

19. L'Épouse indiscrète, par N. de Launay (21). — Très belle épreuve.

20. Marchez tout doux, parlez tout bas, par P.-P. Choffard (30). — Très belle épreuve avec une très grande marge.

21. Le Matin. — Le Midi. — Le Soir. — La Nuit. Suite de quatre pièces faisant pendants gravées par de Ghendt (32, 33, 35 et 46). — Superbes et rares épreuves avant toutes lettres, avec les tablettes indiquées par un simple trait. L'épreuve du Soir est avant le changement.

22. Le Soir, par de Ghendt (35). — Très belle épreuve.

23. Le Modèle honnête, gravé à l'eau-forte par J.-M. Moreau le jeune, et terminé par J.-B. Simonet (34). — Superbe et très rare épreuve avant toutes lettres et avant les armes. Très grande marge.

24. Perrette, par Guttenberg (36). — Très belle épreuve.

25. *Sa taille est ravissante*, par Le Beau (43). — Très belle épreuve.

26. La Sentinelle en défaut, par N. de Launay (44). — Belle épreuve.

27. La même composition. Petite réduction en ovale. — Belle épreuve.

28. Les Soins tardifs, par N. de Launay (45). — Superbe et très rare épreuve avant la lettre et avant les changements dans la bordure.

29. La même estampe. — Très belle épreuve avec une très grande marge.

30. La Soirée des Tuileries, par Simonet (47). — Superbe et très rare épreuve avant toutes lettres.

31. La Toilette, par N. Ponce (48). — Très belle épreuve, sans marge.

BAZIN (N.).

32. Louis, le Grand Dauphin. Portrait équestre d'après J.-B. Martin. — Très belle épreuve, tachée.

BEAUVARLET (J.-F.).

33. Jean-Baptiste Poquelin de Molière, d'après Bourdon. In-folio. — Superbe et très rare épreuve avant toutes lettres. Toute marge.

34. Actéon métamorphosé en Cerf, d'après Rotthenamer. — Très belle épreuve avant la lettre. Toute marge.

BÉNARD (d'après).

35. Repos de Chasse (Madame Du Barry à Louveciennes), gravé par Moitte. — Très belle épreuve.

BENOIST (A.).

36. Carlin Bertenazzi, Comédien ordinaire du Roi, d'après de
Lorme. In-12°, — Très belle épreuve. Rare.

BERNARD (d'après).

37. Madame Dugazon, en buste, vue de profil. In-folio. —
Très belle épreuve d'une jolie pièce gravée, en couleur
et en imitation de dessin à la plume, par Petit en
1789. Rare.

BERTHAULT.

38. Vue perspective de l'Intérieur de la Salle qui fait voir le
Théâtre. — Vue perspective de l'Intérieur de la Salle
qui fait voir l'Amphithéâtre. Deux pièces sur le théâtre
très curieuses et très intéressantes comme décorations
et comme costumes. — Très belles épreuves avec
marges.

BERVIC (Ch.-Cl.).

39. Charles Linnée, d'après Roslin. In-4° — Très belle épreuve
avec une grande marge.

BLOIS (A. de).

40. Ortance Mancini, Duchesse de Mazarin. Gravé à la manière
noire d'après de Seve. In-4°. — Très belle épreuve
avec marge.

BOILLY (d'après).

41. Le Bouquet chéri, par Chaponnier. — Très belle épreuve
avant la lettre.

42. Les Conseils maternels. — Le Cadeau délicat. Deux pièces
faisant pendants, gravées par Tresca. — Très belles
épreuves.

43. La douce Résistance, par Tresca. — Superbe et rare
épreuve avant la lettre. En couleur.

44. La Leçon de Harpe. — Belle épreuve en couleur. Sans
marge.

45. Marche incroyable, par Bonnefoy. — Très belle et ancienne épreuve.

46. L'Optique, par Cazenave. — Superbe épreuve en couleur. — *61 — Mayr*

47. Que n'y est-il encore, par Petit. — Superbe épreuve en couleur avant toutes lettres. Toute marge. — *42, Mahm*

48. Le Prélude de Nina, par A. Chaponnier. — Très belle épreuve avant la lettre. — *81 — Mayr*

49. La Serinette, par Honoré. — Très belle épreuve avant la lettre. Grande marge. — *19 — May*

50. La douce Résistance. — La Comparaison des petits Pieds. — Le Modèle disposé. Trois pièces gravées par Tresca et Chaponnier. — Très belles épreuves. — *32 Mayr*

BOREL (d'après).

51. L'Abandon voluptueux, par Dennel. — Superbe épreuve avant toutes lettres. — *60. 00*

52. Coiffures Françaises. 18 petits médaillons ronds sur deux feuilles. — Très belles épreuves. — *9 — Laroqu*

53. Il était temps, par A. F. Hemery. — Très belle épreuve avec marge. — *13. —*

54. L'Indiscret, par Dequevauviller. — Très belle épreuve. — *52. Schmed*

BOIZOT (Mlle-L).

55. Portrait du Comte de Provence, d'après L-S Boizot. In-folio. — Très belle épreuve avec une grande marge. — *10 Roblin*

BOUCHER (d'après).

56. L'Attention dangereuse, par Dennel. — Superbe épreuve avant toutes lettres. — *56, Mayr*

57. Les Amours Pastorales, par Duflos. — Très belle épreuve. — *10. Mah*

58. La Dormeuse, par J.B. Michel. — Très belle épreuve. — *10 Maldu*

59. Le Fleuve Scamandre, par De Larmessin. — Très belle épreuve avant l'adresse de Buldet. — *14. Umen*

60. Retour de Chasse de Diane. — Érigone vaincue. Deux
61. pièces faisant pendants, gravées par C. Duflos. — Très
62. belles épreuves avec toutes leurs marges. — *141 — 00*

61. La Toilette pastorale. — Les Confidences pastorales. Deux pièces faisant pendants, gravées par C. Duflos. Très belles épreuves avec toutes leurs marges.

62. Les Amours pastorales. Suite complète de quatre pièces gravées par Cl. Duflos. — Très belles épreuves avec toutes leurs marges.

N. 63. L'agréable Leçon, par R. Gaillard. — Très belle épreuve.

N. 64. Jupiter et Calisto, par R. Gaillard. — Très belle épreuve avant toutes lettres.

N. 65. Le Messager discret, par R. Gaillard. — Superbe épreuve avant toutes lettres.

N. 66. Les deux Confidentes, par J. Ouvrier. — Très belle épreuve avec une grande marge.

N. 67. Jupiter et Léda, par Ryland. — Superbe et rare épreuve avant toutes lettres. Marge.

N. 68. Vertumne et Pomone, par A. de Saint-Aubin. — Superbe épreuve avant toutes lettres. Marge.

N. 69. La Musique pastorale, par Daullé. — Très belle épreuve.

N. 70. Les Plaisirs de l'Été, par Daullé. — Très belle épreuve.

N. 71. Sylvie délivrée par Aminte, par R. Gaillard. — Très belle épreuve avec une très grande marge.

72. Silvie fuit le Loup qu'elle à blessé, par Lempereur. — Très belle épreuve.

N. 73. Jeunes Filles en bustes. Deux pièces faisant pendants, gravées à la sanguine par Demarteau. — Très belles épreuves avec de très grandes marges.

N. 74. Vénus au Bain. — Nymphe couronnant un Buste. Deux pièces gravées à la sanguine par Demarteau. — Belles épreuves sans marges.

N. 75. Vénus sur un Lit de repos. Gravé à la sanguine par Demarteau. — Très belle epreuve.

N. 76. Vénus couronnée par les Amours. — Vénus désarmée par les Amours. — Deux pièces faisant pendants, gravées aux deux crayons par Demarteau. — Très belles épreuves.

77. Vénus, assise sur un Lit de repos, tenant des Fleurs dans une Draperie. Charmante pièce, en hauteur, gravée à la sanguine par Demarteau. — Superbe et très rare épreuve avant toutes lettres.

78. Berger et Bergère jouant de la Flûte. Gravé aux trois crayons par Demarteau (551). — Très belle épreuve.

79. Offrande sincère. Gravé à la sanguine par L. Bonnet. — Très belle épreuve.

80. Le doux Entretien. Gravé à la sanguine par L. Bonnet. — Très belle épreuve.

81. Le Réveil de Vénus. Gravé aux deux crayons par Bonnet. — Très belle épreuve avec marge.

82. L'Amour prie Vénus de lui rendre ses Armes. Gravé à la manière du pastel par L. Bonnet. — Très belle épreuve.

83. Portrait de Mademoiselle Coypel. Gravé à plusieurs crayons en imitation de pastel par L. Bonnet. — Très belle épreuve. Rare.

84. Portrait de Madame de Pompadour. Gravé à plusieurs crayons en imitation de pastel par L. Bonnet. — Très belle épreuve. Rare.

BOUILLARD.

85. Élisabeth-Ph.-M.-Hte de France, sœur de Louis XVI. — In-4°. — Très belle épreuve avec marge.

BOUNNIEU (d'après).

86. Les Revers de la Fortune, par L. Marin. — Très belle épreuve en couleur.

BOVINET.

87. Madame la Comtesse Du Barry. In-12. — Très belle épreuve avec toute sa marge.

BOWLES (chez).

88. An Alarum for the Drowsy, etc. Pièce gravée à la manière noire. — Très belle épreuve.

BYRON (d'après F.-G.).

89. *A Visit to the Convent at Amiens.* (Une Visite au Couvent à Amiens), 1803. Gravé par Lewis. — Belle épreuve en couleur.

90. *Returning from a Review at the Champ de Mars in Paris* (Le Retour d'une Revue au Champ de Mars à Paris). Gravé par Lewis. — Belle épreuve en couleur.

CARESME (d'après P.).

91. La Fuite inutile. — La Belle vaincue. Deux pièces en couleur faisant pendants, gravées au pointillé par Carpentier. — Très belles épreuves.

92. L'Occasion favorable. — Le Souvenir du Plaisir. Deux pièces en couleur, faisant pendants, gravées au pointillé par Prot. — Très belles épreuves avec toutes leurs marges.

93. Les Curieux. — Le Bain troublé. Deux pièces en couleur, faisant pendants, gravées par Thouvenin. — Très belles épreuves avec toutes leurs marges. Tachées d'eau.

CARESME ET LEFÈVRE (d'après).

94. Honny soit qui mal y pense. — Honny soit qui mal y voit. Deux pièces faisant pendants, gravées par Hubert. — Belles épreuves.

CARICATURES.

95. Soirée amusante de la Terrasse du Jardin du Luxembourg. — Jardin de Tivoli. — Le Marché aux Fleurs, — La Galerie du Palais-Royal. — Soirée du Luxembourg. — Les Montagnes Russes. 6 pièces coloriées.

96. Caricatures Parisiennes. — Le Goût du Jour. Suite de huit pièces coloriées. — Très rares.

96 bis. Le Déjeuner de Ferney, Réunion à la mode de 1801. — Amusements du Jardin de Tivoli. — Quel est le

plus ridicule. — Le Jeu de Paume. — Départ pour Versailles, Saint-Cloud. — Fête du 1er vendémiaire an X, etc. — 17 pièces curieuses et rares réunies dans un volume.

CARMONTELLE (L.-C. de).

97. Brizard. — Très rare épreuve à l'état d'eau-forte.

98. Joseph Xaupi. — Très belle épreuve avec marge.

CARMONTELLE (d'après L.-C. de).

99. La malheureuse Famille Calas, par Delafosse. — Très belle épreuve avec marge.

CARPENTIER.

100. Histoire de Paul et de Virginie. Suite de six pièces en couleur, dans des cadres ovales ornementés, gravées par Papavo. — Très belles épreuves avec toutes leurs marges.

CHALLE (d'après M.-A.).

101. Les Appas multipliés. Gravé en couleur par L. Bonnet. — Très belle épreuve sans marge.

102. Les Espiègles. — L'Amant surpris. Deux pièces gravées en couleur par Descourtis. — Très belles épreuves.

103. L'Amant surpris. Gravé en couleur par Descourtis. — Superbe épreuve.

104. La Lanterne magique d'Amour. Gravé en couleur par P.-M. Alix. — Très belle épreuve.

105. Le Matin. Gravé en couleur par Bonnet. — Belle épreuve.

106. Le Portrait chéri. — Très belle épreuve en couleur.

107. Quand l'Hymen dort l'Amour veille, par Maucler. — Très belle épreuve en couleur.

108. La Ruelle, par Malapeau. — Superbe épreuve avec toute sa marge.

109. La Saison des Amours, par A. Legrand. — Très belle et rare épreuve avant toutes lettres.

CHAPUY (J.-B.).

110. Gabrielle d'Estrées, d'après Brion. — Très belle épreuve avec marge, en couleur.

CHARDIN (d'après J.-B.-S.).

111. Étude du Dessin, par Le Bas (E. B. 18). Très belle épreuve. —

112. La Gouvernante, par Lepicié (24). — Très belle épreuve avec une grande marge.

113. La Mère laborieuse, par Lépicié (35). Très belle épreuve. —

114. Le Négligé ou Toilette du Matin, par Le Bas (38). — Belle épreuve avec toute sa marge.

115. La Ratisseuse, *à Paris chez de Noyer place Maubert* (46). — Très belle épreuve avec toute sa marge.

116. Les Tours de Cartes, par L. Suruge (51). Très belle épreuve.

CHEREAU (J.).

117. Madame de Prie, d'après Vanloo. Petit in-folio. — Belle épreuve.

118. Marie Leckzinska, Reine de France, en pied, d'après Vanloo. In-folio. — Très belle épreuve.

CHOUBARD.

119. Joseph-Napoléon et la Princesse Marie-Julie sa femme. — Joachim Murat et la Princesse Marie-Annunciade-Caroline, sa femme. Deux pièces in-folio. — Très belles épreuves avec de grandes marges.

CHRETIEN et QUENEDEY.

120. Trois Portraits dont deux de Femmes et un d'Homme. Ce dernier est en couleur. — Très belles épreuves.

COCHIN (C.-N.).

121. Concours pour le Prix de l'Étude des Têtes et de l'Expression. Gravé par J.-J. Flipart. (Le Personnage servant de Modèle est Mademoiselle Clairon.) — Belle épreuve.

122. Décoration du Bal masqué donné par le Roy, à l'occasion
du Mariage du Dauphin, dans la grande Galerie du
Château de Versailles. — Ancienne épreuve.

123. Pompe funèbre de Philippe de France, roi d'Espagne,
en l'Église Notre-Dame de Paris, le 15 décembre 1746.
— Très rare épreuve à l'état d'eau-forte pure. —

124. Pompe funèbre de Catherine Opalinska, Reine de Polo-
gne, en l'Église Notre-Dame de Paris, le 25 mai 1747.
— Très rare épreuve à l'état d'eau-forte pure.

COIFFURES (Pièces sur les).

125. *Female Curiosity*. Pièce piquante, l'une des plus rares
de cette série. — Très belle épreuve avec marge.

126. *The Extravaganza*. — *Ridiculous taste, etc.* Deux pièces.

COLINET.

127. Madame la Comtesse de Boufflers, en pied, assise dans
son Parc. — Très belle épreuve en couleur. Rare.

COLLYER (J.).

128. La Princesse Louise, fille du Prince Ferdinand de Prusse,
d'après Bardou. In-folio. — Très belle et rare épreuve
en couleur. Grande marge.

COUTELLIER (par et d'après).

129. Mademoiselle Olivier de la Comédie-Française, dans le
rôle de Chérubin du *Mariage de Figaro*. — Superbe
épreuve avant la retouche. Elle est imprimée en couleur et a toute sa marge.

COYPEL (C.).

130. *Ce dépit n'est point redoutable.* etc. (Madame Favart regar-
dant le Portrait du Maréchal de Saxe.) Gravé par L. Surugue le fils. — Superbe épreuve avec toute sa marge.

130 *bis*. *Entre deux mouvements, sans cesse partagée,* etc. (Jeune
Dame à sa Toilette.) Gravé par Lepicié. — Superbe
épreuve avec toute marge.

COYPEL (d'après C.).

130 *ter*. Jeux d'Enfants par Lépicié. — Très belle épreuve sans
marge.

CREPY (le fils).

131. Louis XV, Roi de France. — Marie Leckzinska, sa femme.
Deux pièces in-4° faisant pendants, gravées d'après
Vanloo. — Très belles épreuves.

CROIZIER.

132. Portrait du Duc d'Orléans. Buste, entouré de figures al-
légoriques, reposant sur un piédestal. — Belle épreuve.

DANDRÉ-BARDON (d'après).

133. L'Enfance, par J. Balechou. — Très belle épreuve avec
toute sa marge.

DAULLÉ (J.).

133 *bis*. Mademoiselle Pélissier, de la Comédie-Française,
d'après H. Drouais. In-folio. — Très belle épreuve
avec toute sa marge.

DEBUCOURT (P. L.).

134. Annette et Lubin. — Très belle épreuve en couleur,
sans marge.

135. Le Menuet de la Mariée. — Superbe épreuve, en couleur,
avec le titre seul et les noms des artistes sans aucune
autre lettre. — Très grande marge.

136. La Rose mal défendue. — Très belle épreuve avec les
inscriptions tracées à la pointe. — Très grande
marge.

137 L'Oiseau privé. — Très belle épreuve. ———

138. Inutile Précaution, d'après C. Vernet. — Très belle épreuve en couleur.

139. La Course nº 3. — Fin de la Course nº 4. Deux pièces. — Très belles épreuves.

DEBUCOURT (d'après P.-L.).

140. Le Juge ou la Cruche cassée, gravé par J. Le Veau. — Très belle épreuve avant la dédicace.

DELATRE (J. M.).

141. Mademoiselle Colombe l'aînée, de la Comédie-Italienne, d'après Le Moine. In-8º. — Très belle épreuve.

DESNOYERS (Baron Boucher).

142. Charles-Maurice de Talleyrand-Périgord, d'après F. Gérard. In-folio. — Très belle épreuve.

DESRAIS (d'après C.-L.).

143. Chose désirée a plus de Prix. — Repos au milieu de la Promenade. Deux pièces en couleur, faisant pendants, gravées au pointillé par Colson. — Très belles épreuves avec toutes leurs marges.

DE TROY (d'après J.-B.).

144. Toilette pour le Bal. — Retour du Bal. Deux pièces faisant pendants, gravées par Beauvarlet. — Très belles épreuves avec la mention : *Tiré du cabinet de M. Prousteau*, laquelle a été effacée dans l'état suivant.

DEVAUX.

145. Madame Préville, de la Comédie-Française, en pied, dans un de ses rôles. Gravé d'après Simonet. In-4º. — Très belle épreuve coloriée.

DIKINSON (W.).

146. Mistress Reid, dans le rôle de la *Sultane*. Gravé à la manière noire d'après R.-E. Pine. — Très belle épreuve.

DIVERS.

147. Madame Dugazon. — Mademoiselle Colombe. — Thétis écoute Protée. — L'Aveugle détrompé, etc. Six pièces en couleur, d'après Huet et autres.

DREVET (P.).

148. Louis XV enfant assis sur le Trône, d'après H. Rigaud. Très grand in-folio. — Belle épreuve.

DROUAIS (d'après F.-H.).

149. Marie-J^{ne}-L^{se} de Savoie, Comtesse de Provence. Gravé à la manière noire par Brookshaw, 1772. Grand in-folio. — Très belle épreuve. Rare.

150. Les petits Savoyards. (Les Enfants du Roi de Sardaigne.) Gravé par Melini. — Superbe et très rare épreuve avant toutes lettres.

151. La même estampe. — Très belle épreuve avec toute sa marge.

152. Les Enfants de France. (Le Comte d'Artois enfant, debout près de sa jeune Sœur montée sur une Chèvre.) Gravé par Beauvarlet. — Superbe et rare épreuve avant toutes lettres.

DROYER (par et d'après).

153. L'agréable Société. — Très belle épreuve avec une grande marge.

DUMESNIL (d'après).

154. Le Chantre à table, par N. Dupuis. — Très belle épreuve avec toute sa marge.

EARLOM (R.).

155. Galathée. Gravé à la manière noire d'après L. Giordano. — *11. —*
— Très belle épreuve.

EAUX-FORTES MODERNES.

156. *Anonyme.* — Une Sainte, d'après un maître primitif de
l'École Flamande. — Superbe épreuve avant toutes
lettres, sur Japon.

157. *Gaynon.* — Suzanne au Bain, d'après H. Henner. — Superbe épreuve avant toutes lettres, sur Japon.

158. *Greux.* — Madame la Comtesse de Barck, d'après H. Regnault. — Superbe épreuve avant toutes lettres, sur
Japon.

159. Marine, d'après Van de Velde. — Superbe épreuve avant
toutes lettres, sur Japón.

160. *Jacquemard.* — Le Baiser, d'après Fragonard. — Superbe
épreuve avant toutes lettres, sur Japon

161. L'Infante Isabelle, d'après S. de Vos. — Superbe épreuve
avant la lettre, sur Japon.

162. Paysage de forme ronde, d'après Van-Goyen. — Superbe
épreuve avant toutes lettres.

163. Gemmes et Joyaux de la Couronne. Tome Ier, 30 planches
et le texte. — Superbe exemplaire avant la lettre.

164. Gemmes et Joyaux. Tome Ier, planche 5 : Vase antique
de Sardonyx. — Très rare épreuve d'essai avant le
nom de Jacquemard et le numéro.

165. Gemmes et Joyaux. Tome Ier, planches 4, 20 et 29. Trois
pièces. — Superbes épreuves avant la lettre et avant
les numéros.

166. Gemmes et Joyaux. Tome Ier, 16 pièces. — Superbes
épreuves avant la lettre.

167. Gemmes et Joyaux. Tome Ier, 25 pièces. — Très belles
épreuves.

2

168. Gemmes et Joyaux. Tome II, 7 pièces. — Très belles épreuves, dont une est avant la lettre.

169. *Valtener*. — La Bohémienne, d'après J. Riccard. — Superbe épreuve avant toutes lettres, sur Japon.

170. Les deux Cochers, d'après J. Morland. — Superbe épreuve avant toutes lettres, sur Japon.

171. Miss Fitzherbert, d'après J. Romney. — Superbe épreuve avant toutes lettres, sur Japon.

172. Valet de Torero, d'après H. Regnault. — Superbe épreuve avant toutes lettres, sur Japon.

ÉCOLE ANGLAISE.

173. Groupes tirés de la Promenade dans le Jardin de *Carleton House*. Deux pièces en couleurs intéressantes comme costumes. Médaillons ronds faisant pendants. Rares.

EISEN (d'après F.).

174. Les Dragons de Vénus, par L. Halbou. — Très belle épreuve avec marge.

175. La Jolie Charlatane, par L. Halbou. — Très belle épreuve.

EISEN (Ch.).

176. Projet de Fontaine. Eau-forte originale du maître. — Très belle épreuve avec marge.

EISEN (d'après C.).

177. L'Accord de Mariage, par R. Gaillard. — Très belle épreuve.

178. Le Bouquet, par R. Gaillard. — Très belle épreuve avec marge.

179. La belle Nourrice, par de Longueil. — Superbe épreuve avant toutes lettres.

180. Le Jour. — La Nuit. Deux pièces faisant pendants, gravées par Patas. — Très belles épreuves.

ELLUIN.

181. Mademoiselle Rosalie Duplant, de l'Académie Royale de Musique, d'après Le Clerc. In-4°. — Très belle épreuve avec marge.

182. Marie Dumesnil, de la Comédie-Française. In-4°, — Très belle épreuve avec marge.

183. Le Kain, de la Comédie-Française, d'après Bertaux. In-4°. — Très belle épreuve avec marge.

ESNAUT et RAPILLY (à Paris chez).

184. Madame la Comtesse Du Barry, en buste, dans une bordure ovale. In-8°. — Très belle épreuve avec une grande marge.

FRAGONARD (H.).

185. L'Armoire. Eau-forte originale du Maître. — Très belle épreuve avant l'adresse de Naudet.

FRAGONARD (d'après H.).

186. Le Baiser amoureux, par Marchand. — Très belle épreuve avec la première adresse, celle de l'auteur.

187. Le Baiser à la Dérobée, par F.-N. Regnault. — Très belle épreuve.

188. La Coquette fixée, par Couché et Dambrun. — Très belle épreuve.

189. La Demande acceptée. — Épreuve dans un état d'eau-forte avancé d'une charmante pièce, composition de dix figures, que nous n'avons jamais vue terminée ; elle était destinée à faire partie de la suite dans laquelle se trouvent les Beignets, le Petit Prédicateur etc., Marge.

190. Ma Chemise brûle !.... par A. Legrand. — Très belle épreuve tirée en bistre.

191. Un Berger baisant la main d'une Nymphe qu'une Vieille entraîne. Gravé au pointillé par Legrand. — Belle épreuve en couleur.

192. Le Serment d'Amour, par Mathieu. — Très belle épreuve.

193. La Fontaine d'Amour. — Le Songe d'Amour. Deux pièces faisant pendants, gravées par N.-F. Regnault. — Belles épreuves.

194. Les Hazards heureux de l'Escarpolette, par N. de Launay. — Très rare épreuve à l'état d'eau-forte pure, avant toute lettre et avant le fleuron où se trouvent les initiales de Fragonard.

195. La même estampe. — Très belle épreuve de la planche carrée, avant qu'elle ait été réduite en ovale.

196. Figures des *Contes de La Fontaine*, in-4°, tirées sur papier vélin, destinées à orner l'édition des Contes en deux volumes in-4°, imprimés par P. Didot l'aîné. — Suite complète de vingt pièces, dans leur couverture originale. — Très belles épreuves avec toutes leurs marges.

197. Le Pâté d'Anguille, par Patas. — Très belle épreuve avec toute sa marge.

FRAGONARD ET TOUZÉ (d'après).

198. La faible Résistance. — L'Amant victorieux. Deux pièces faisant pendants, gravées par Le Beau.

FREUDEBERG (d'après S.).

199. Le Coucher, par Duclos et Bosse. — Très belle épreuve avec marge.

200. Le Lever, par Romanet. — Très belle épreuve avec marge.

201. L'heureuse Union. — Très belle épreuve de la grande planche, avant qu'elle ait été réduite pour être ajoutée au Costume Physique et Moral, édition de Neuwied sur le Rhin.

202. La Gaieté Conjugale, par N. de Launay. — Très belle épreuve avec une très grande marge.

203. La Leçon de Guitare. — Superbe épreuve, en couleur, d'une très jolie pièce intéressante comme costumes et détails d'intérieur. Très rare.

204. Lison dormait, par Trière. — Très belle épreuve avec marge.

FICQUET (E.).

205. Voltaire, d'après de la Tour. — Très belle épreuve avec marge.

FOKKES.

206. Festin donné à l'Hôtel de Ville d'Amsterdam. — Très rare épreuve à l'état d'eau-forte pure. Grande marge.

207. Fêtes données à Amsterdam. Trois pièces, dont une avant toutes lettres et les deux autres à l'état d'eau-forte pure. Toutes marges.

GAUCHER (C.-E.).

208. Madame la Comtesse Du Barry, d'après Drouais. In-8°. — Très belle épreuve avec une très grande marge.

GOUBAUD (d'après).

209. Ninon de Lenclos. — Mlle de la Vallière. Deux pièces gravées en couleur par Maile. — Très belles épreuves.

GOYA (F.).

210. Les Caprices. Suite de 80 pièces, dont nous ne possédons que 78 (manquent les N°s 74 et 76). Très belles et anciennes épreuves.

210 bis. L'Écureuse, par Beauvarlet. — Très belle épreuve.

GREUZE (d'après J.-B).

211. La Cruche cassée, par J. Massard. — Belle et ancienne épreuve avec une très grande marge.

212. La Laitière, par J.-C. Levasseur. — Très belle épreuve.
Rare.

213. L'Innocence, par A. Louis. — Superbe épreuve avant
toutes lettres (artiste) sur chine.

214. Nina, par Joubert. Superbe épreuve avant toutes lettres
(artiste) sur Chine.

215. La Lecture de la Bible, par Mastenasie. — Très belle
épreuve avec toute sa marge.

216. Portrait de M. Le Noir, Surintendant de la Police (?),
gravé par Chevillet. — Superbe épreuve avant toutes
lettres. Grande marge.

217. Le Ramoneur, par Voyez. — Très belle épreuve avec
marge.

218. La Savonneuse, par J. Danzel. — Très belle épreuve
avec une très grande marge.

GUÉRAIN (d'après L.).

219. Le Trente-un, ou la Maison de Prêt sur Nantissement,
par L. Darcis. — Très belle épreuve avec une grande
marge.

HELMAN.

220. Les Batailles de la Chine, d'après les dessins des Pères
Attiret, Jean Damascène et autres. Suite complète de
24 pièces, plus deux feuilles de texte. — Très bel
exemplaire.

HENRIQUEZ (B.-L.).

221. D. Diderot, d'après M. Vanloo. In-folio. — Très belle
épreuve avec toute sa marge.

HOUEL (d'après).

222. Portrait en pied de M. de Saussure, célèbre voyageur.
Grand in-4°. — Très belle épreuve en couleur. Très
rare.

HUCK (d'après J.-G.).

223. *Domestic Hapiness* (Le Bonheur Domestique). — Très belle épreuve, lettres grises, d'une très jolie pièce gravée par Ryder.

HUET (d'après (J.-B.).

224. Ce qui est bon à prendre est bon à garder, par A. Chaponnier. — Très belle épreuve avec toute sa marge.

225. Jeune Femme lisant une Lettre (Portrait de Mme Huet(?). Gravé aux deux crayons par Demarteau. — Très belle épreuve.

226. L'Amour curieux. Gravé aux trois crayons par Leveillé. — Belle épreuve.

227. Bergère caressée par l'Amour. — Très belle épreuve sans marge. En couleur.

228. L'Éventail cassé, par L. Bonnet. — Superbe et rare épreuve avant toutes lettres. En couleur.

229. Le Faucon (pour les *Contes de la Fontaine*), par Bonnet. — Très belle épreuve en couleur. Rare.

230. La Promesse de Fidélité, par Bonnet. — Très belle épreuve en couleur.

231. L'Offrande à l'Amitié. — La Bergère récompensée. Deux pièces gravées en couleur par Jubier. — Très belles épreuves.

232. — Offrande à Vénus. — L'Offrande à l'Hymen. Deux jolies pièces en couleur, faisant pendants, gravées par Bonnet. — Très belles épreuves.

233. Sujets Mythologiques. Deux pièces en couleur, de forme ovale, faisant pendants. — Très belles épreuves sans marges.

INCROYABLES (pièce sur les).

234. Café des Incroyables. — Très belle épreuve, avec marge, de l'une des pièces les plus rares et les plus intéressantes de cette série. Elle est gravée à l'eau-forte et signée *An 1797. R. L. L. inv.* Coloriée.

235. La Chose impossible, ou la Commission des finances télle qu'il la faudrait pour la bien restaurer. Pièce curieuse gravée par Ruotte, d'après Bunbury. — Très belle épreuve avec marge. Excessivement rare.

236. La Faction Incroyable, à *Paris chez Charon*. — Toute marge.

JANINET (F.).

237. Henri IV. Gravé en couleur, d'après Rubens. — Très belle épreuve avec marge.

238. Portrait de Ninon de Lenclos, d'après Mignard. — Très belle épreuve en couleur.

239. Le doux Baiser. — La tendre Amitié. Deux pièces, faisant pendants, gravées en couleur d'après L. Doublet. — Belles épreuves.

240. Le Sommeil de Vénus, d'après Charlier. — Très belle épreuve avant toutes lettres. En couleur.

241. Le Réveil de Vénus, d'après Charlier. — Très belle épreuve avant la lettre. En couleur.

242. Quatre petits sujets de forme ronde, tirés sur une même feuille. Charmants costumes et intérieurs Louis XVI, genre Lawreince. — Très belle épreuve avant toutes lettres. En couleur.

243. Nina, d'après Hoin. (Portrait de Madame Dugazon dans le rôle de Nina ou la Folle par Amour.) — Superbe épreuve avant toutes lettres, seulement le nom de Janinet tracé à la pointe, en caractères excessivement fins, à droite, sous le trait carré. Marge.

244. Vue de Paris prise du Pont-Royal, d'après De Machy. — Superbe et rare épreuve avant toutes lettres, signée des Artistes. En couleur.

JEAURAT (d'après E.)

245. Le Joli Dormir, par E.-Cl. Tournay, femme Tardieu. — Très belle épreuve.

245 *bis*. La Relevée, par Lepicié. — Très belle épreuve. —

KAUFFMAN (d'après A.).

246. Cupidon et Euphrosine. Gravé en couleur par Burke. — Belle épreuve.

KRAUS (d'après).

247. Le Moment Dangereux, par Voyez le jeune. — Très belle épreuve.

LA FONTAINE (Illustrations in-folio en largeur pour les Contes de).

248. *Boucher* (d'après F.). La Courtisane amoureuse, par De Larmessin.

248 *bis*. Le Fleuve Scamandre, par De Larmessin. —

249. *Lancret* (d'après N.). A Femme avare, Galant escroc, par De Larmessin. — Superbe et très rare épreuve d'un état non décrit : elle porte le nom de De Larmessin, mais est avant les nombreux travaux que ce maître a ajoutés au travail de Schmidt. Grande marge.

249 *bis*. La même estampe.

250. Le Faucon, par De Larmessin (32).

250 *bis*. Nicaise, par De Larmessin (53).

251. Pâté d'Anguille, par De Larmessin (59).

252. Le petit Chien qui secoue de l'Argent et des Pierreries, par De Larmessin (60).

253. Les Rémois, par De Larmessin (69).

254. Les Troqueurs, par De Larmessin (83).

255. *Le Clerc* (d'après). Le Faiseur d'Oreilles et le Raccommodeur de Moules, par De Larmessin.

256. *Pater* (d'après). Les Aveux Indirects, par Fillœul.

257. Le Cocu battu et content, par Fillœul.

258. *Vleughels* (d'après). Frère Luce, par De Larmessin. —————

259. La Jument du Compère Pierre, par De Larmessin. —————

260. Le Bast, par De Larmessin. —————

261. Le Villageois qui cherche son Veau, par De Larmessin. —

Les dix-sept pièces précédentes, pour l'illustration des *Contes de la Fontaine*, sont très belles et très fraîches; elles sont toutes avant l'adresse de Buldet et ont de très grandes marges. Les deux pièces d'après Pater sont avec l'adresse de De Larmessin.

LANCRET (d'après N.).

262. Les Agréments de la Campagne (E. B. 3). — Très belle épreuve, sans marge.

263. Les Deux Amis, par De Larmessin (25). — Très belle épreuve avant l'adresse de Buldet. — Collée en plein.

264. Mademoiselle Camargo, par L. Cars (17). — Très belle épreuve, collée en plein.

265. Le Maître galant, par Le Bas (48). — Très belle épreuve.

266. L'Hiver, par Le Bas (40). — Très belle épreuve légèrement déchirée.

267. Le Moulin de Quinquengrogne, par E. Cousinet (51). — Très belle épreuve avec marge.

268. Les Quatre Ages de la Vie. Suite de quatre pièces en largeur, gravées par De Larmessin (1, 28, 45, 86). — Très belles épreuves avec de grandes marges. La Vieillesse, la seule pièce de la suite où il y ait des différences, est avec la première adresse, celle de De Larmessin.

269. Les Quatre Éléments. Suite de quatre pièces en hauteur gravées par C.-N. Cochin, Tardieu, Desplaces et B. Audran (4, 27, 34, 75). — Très belles épreuves.

270. Les Quatre Heures du Jour. Suite de quatre pièces en largeur gravées par De Larmessin (10, 49, 50, 74). — Superbes épreuves du premier état, avant l'adresse de Crépy, adresse qui plus tard fut ajoutée à celle de De Larmessin. — Toute marge.

271. Les Quatre Saisons. Suite de quatre pièces en hauteur
gravées par B. Audran, Scotin, Tardieu et Le Bas
(13, 31, 40, 64). — Très belles épreuves, dont deux
sont avec des remarques : L'épreuve de l'Automne est
avec la faute au mot *Autonne* et l'épreuve du Prin-
temps est avant la mention : Tiré du Cabinet de
Monsieur de la Faye.

LAMBERT (d'après).

272. L'Age agréable. — Le Larcin toléré. Deux pièces faisant pendants gravées par L.-C. Levasseur. — Très
belles épreuves.

LARMESSIN (N. de).

273. Louis XIV, enfant, d'après Beaubrun. — Très belle
épreuve. Rare.

LARMESSIN (le fils N. de).

274. Marie Leckzinska, Reine de France, en pied, d'après
Vanloo. In-folio. — Belle épreuve.

275. Louis XV, Roi de France, en pied, d'après Vanloo. —
In.-folio. — Très belle épreuve.

LAWREINCE (d'après N.).

276. L'Accident imprévu, par Darcis (E. B. 11). — Très belle
épreuve avant l's au mot *mauvaise* dans la première
adresse, celle de Tresca. Rare.

277. Les Apprêts du Ballet, par Tresca (4). — Superbe
épreuve avec marge.

278. L'Aveu difficile, par Janinet (8). — Très belle épreuve
en couleur.

279. Le Billet doux. — Qu'en dit l'Abbé ? Deux pièces faisant
pendants, gravées par N. de Launay (19, 50). —
Belles épreuves.

280. La Comparaison, par Janinet (12). — Superbe épreuve
en couleur.

281. Le Concert agréable, par C.-N. Varin (13). — Superbe et
très rare épreuve avant la lettre.

282. *The Comparaison*. Gravé par Partout. — Très belle et rare
épreuve tirée en bistre. Marge.

283. La Consolation de l'Absence, par N. de Launay (14). —
Très belle épreuve avec une grande marge.

284. Le Contre-Temps, par Dequevauviller (15). — Belle
épreuve.

285. Le Coucher des Ouvrières en Modes, par Dequevauviller
(16). — Très belle et rare épreuve avec le titre et les
noms des artistes, sans aucune autre lettre. Marge.

286. Le Déjeuner anglais, par Vidal (17). — Très belle épreuve
avant l'adresse de Vidal.

287. Les deux Cages ou la plus Heureuse, par de Bréa (19). —
Superbe épreuve avant toutes lettres. Très rare.

288. La même estampe. — Très belle épreuve du second état,
avec le titre gravé à la pointe.

289. La même estampe. — Très belle épreuve. ————

290. École de Danse, par Dequevauviller (22). — Très belle
épreuve avec la première adresse, celle de Dequevauviller.

291. La Leçon interrompue, par Vidal (35). — Très belle
épreuve, en couleur.

292. Le Lever des Ouvrières en Modes, par Dequevauviller
(36), — Très belle et rare épreuve avec le titre et
les noms des artistes sans aucune autre lettre. Très
grande marge.

293. Le Lever des Ouvrières en Modes. Gravé en couleur par
Lecœur (36).—Très belle épreuve doublée et remargée.

294. *Mistress Merteuil and Miss Cecille Volange*, par R. Girard
(39). — Très belle épreuve avec une grande marge.

295. La même estampe. — Très belle épreuve, en couleur.

296. Les Offres séduisantes, par J.-L. Delignon (43). — Très
belle et rare épreuve avec le mot *séduisantes* écrit
séduisentes. Grande marge.

297. La Partie de Musique, par V. Langlois le jeune (46). — Très belle et rare épreuve avant toutes lettres.

298. Les Grâces parisiennes au Bois de Vincennes. Gravé en couleur par J.-B. Chapuy (50). — Très belle épreuve. Rare.

299. Le Restaurant, par Deni (53). — Très belle épreuve. —

300. Le Retour trop précipité, par J. Pierron (54). — Très belle épreuve avec une grande marge.

301. Les Sabots, par J. Couché (57). — Très belle épreuve avant l'adresse de Tessari. Toute marge.

302. La Sentinelle en défaut, par Darcis (58). — Très belle épreuve en couleur avec la première adresse, celle de Tresca.

303. La Soubrette confidente, par G. Vidal (61). — Très belle épreuve.

304. *Valmont and Presidente de Tourvel,* par R. Girard (63). — Très belle épreuve avec marge.

305. La même estampe. — Très belle épreuve en couleur.

306. *The Grove — The Green-Plot.* — Deux pièces faisant pendants. — Très belles épreuves avec marges.

LAWREINCE ET TOUZÉ (d'après).

307. Valmont et Émilie. — La Présidente Tourvel. — Belles épreuves en couleur.

LEBEAU (P.-A.).

308. Mademoiselle Maillard, de l'Académie royale de musique. In-8°. — Très belle épreuve avant la pagination et les noms des artistes. Toute marge.

309. Madame Dugazon, de la Comédie Italienne. In-8°. — Très belle épreuve.

310. La comtesse Du Barry. Médaillon ovale entouré d'une guirlande de roses. In-8°. Gravé d'après Marilly. — Très belle épreuve avec toute sa marge.

311. La même estampe. — Très belle épreuve.

LE BEL (d'après E.).

312. Le Coup de Vent, par A. Girardet. — Très belle épreuve
avant la lettre. Marge.

LE BRUN (d'après Mme Vigée).

313. Madame la Marquise de Sabran, par D. Berger, 1787,
in-folio. — Très belle épreuve tirée en bistre.

314. Madame Grassini, dans le rôle de Zaïre. Gravé par S.-W.
Reynolds. — Très belle épreuve, en couleur.

315. Vénus liant les ailes de l'Amour, par Schultze. — Très
belle épreuve avant la lettre.

LECLERC (d'après L.).

316. L'Étude du Dessin. Gravé à la sanguine par L. Bonnet. —
Très belle épreuve avec marge.

317. Les Délassements du Bois de Boulogne. Gravé par Dupin.
— Coloriée.

LECŒUR (à Paris, chez).

318. Vue du Jardin du Palais-Royal, de ses bâtiments et
galleries. Très belle épreuve d'une jolie pièce, de
forme ovale, gravée à la manière du lavis. Rare.

LE PAUTRE (A.).

319. Nouveaux dessins de Cheminées, 11 pièces. — Très belles
épreuves.

LE PEINTRE (d'après C.).

320. La Tricherie reconnue, par de Monchy. — Très belle
épreuve avec une grande marge.

LEPICIÉ (B.).

321. Catherine de Seine, de la Comédie-Française, d'après
Aved. In-folio. — Très belle épreuve.

LE PRINCE (d'après J. B.).

322. Le Messager bien reçu. Très jolie pièce gravée en couleur
par D. Marin (?) — Superbe épreuve avant toutes lettres.
Rare.

323. Le Bonheur du Ménage, par N. de Launay. — Très belle
épreuve avant la dédicace.

LEROUX.

324. Léda, d'après L. de Vinci. — Très belle épreuve avant la
lettre, sur chine. Elle est signée du graveur.

LEROY.

325. Fleury. — Baptiste Cadet, de la Comédie-Française. Deux
portraits in-folio, gravés d'après Pajou et Cœuré. —
Très belles épreuves en couleur. Toutes marges.

LESPINASSE (d'après le chevalier de).

326. Vue du Palais-Royal, des Galeries et du Jardin, par les
sieurs Varin frères. — Très belle épreuve.

LESPINASSE, FAVART, CHENU ET AUTRES (d'après).

327. Vue du Pont des Tournelles. — Très rare épreuve à l'état
d'eau-forte pure. Toute marge.

328. Vue de l'Arsenal et de la Poudrière. — Très rare épreuve
à l'état d'eau-forte pure. Toute marge.

329. Vue du Palais Bourbon. — Très rare épreuve à l'état
d'eau-forte pure. Toute marge.

330. Vue de la Pompe à feu, prise du Gros-Caillou. — Très
rare épreuve à l'état d'eau-forte pure. Toute marge.

331. Vue de l'Abbaye de Saint-Denis. — Très rare épreuve à
l'état d'eau-forte pure. Toute marge.

332. Vue de la Plaine Saint-Denis. — Très rare épreuve à
l'état d'eau-forte pure. Toute marge.

333. Vue de Bicêtre. — Deux épreuves, dont l'une à l'état d'eau-forte pure et l'autre avant la lettre. Toutes marges.

334. Vue du Palais de Saint-Cloud. — Très rare épreuve à l'état d'eau-forte pure.

335. Vue du Château de Bellevue. — Deux épreuves, dont une à l'état d'eau-forte pure et l'autre avant toutes lettres. Toutes marges.

336. Vues du Parc et du Château de Versailles. Quatre pièces. — Très rares épreuves à l'état d'eau-forte pure. Toutes marges.

337. Vues de Saint-Cyr, de Chevreuse, de Sceaux et de ses Environs. Trois pièces. — Très rares épreuves à l'état d'eau-forte pure. Toutes marges.

LE VACHEZ ET SERGENT (à Paris, chez).

338. Le véritable Héroïsme au mois de novembre, 1797. — Le Bonheur imprévu, 1788 (Traits de Courage et de Bienfaisance du Duc d'Orléans). Deux pièces gravées à la manière du lavis, faisant pendants. — Très belles épreuves tirées en bistre. Toutes marges.

MALLET (d'après).

339. Les Jeux de l'Amour, par Beljambe. — Très belle épreuve en couleur. Grande marge.

MALGO (S.).

340. La Princesse de Lamballe, d'après le tableau peint à Paris, d'après nature, par A. Hickel, en 1789. Grand in-folio. — Très belle et rare épreuve, lettres grises.

MAROT (J.).

341. Ornements ou Placards pour l'enrichissement des Chambres ou Alcôves. Suite complète de 12 pièces. — Très belles épreuves.

MARTINET (à Paris, chez).

342. Promenade de Lonchamps, an X (1802). — Superbe
épreuve coloriée de l'une des pièces les plus impor-
tantes et des plus intéressantes comme costumes de
cette époque. Toute marge.

MARTINI (P.).

343. Coup d'œil exact de l'arrangement des Peintures au Sa-
lon du Louvre, en 1785. — Très belle épreuve sans
marge.

MAYER (d'après J.-F.).

344. La Troupe ambulante. — La Danse des Ours. Deux pièces
faisant pendants, gravées par C. Guttenberg. — Très
belles épreuves avec de très grandes marges.

MICHEL (Ch. de).

345. Marie-Thérèse-Charlotte de France, fille du Roi Louis XVI
Estampe publiée lors du passage de cette princesse à
Basle, le 26 décembre 1795. — Superbe épreuve en
couleur. Marge.

MOITHEY (père).

346. Partie des Campagnes de Louis XV. Cahier de six planches coloriées du temps. — Belles épreuves avec toutes
leurs marges.

MOITTE (P.-E.).

347. Anna Grill (Madame de Pompadour). Petit in-folio. —
Très belle épreuve avec marge.

MOITTE (d'après P.-E.).

348. Le Consommé. — L'Écueil de l'Innocence. Deux pièces
faisant pendants, gravées par Deny. — Très belles
épreuves avec toutes leurs marges.

MONSALDY et DEVISME.

349. Vue des ouvrages de Peinture, des Artistes vivants, exposés au Muséum central des Arts en l'an VIII de la République française. Deux pièces très rares à trouver réunies. — Très belles épreuves.

MOREAU (J.-M.).

350. Louis-Auguste, Dauphin de France (Louis XVI), d'après Hall. In-4°. — Très belle épreuve avec une grande marge.

351. Marie-François Arouet de Voltaire. — Jean-Baptiste Rameau. Deux charmants petits portraits en pied, dans des encadrements ornementés. — Très belles épreuves avec de grandes marges.

352. Le Festin Royal. — Très rare épreuve avant toutes lettres et avant les armes, à l'état d'eau forte. Le coin gauche a été rapporté.

353. Décoration du Sacre de Louis XVI, Roi de France et de Navarre, à Reims, le 11 juin 1775. — Très belle et ancienne épreuve avec une grande marge.

MOREAU (d'après J.-M.).

354. Le Devin de Village, par Frussotte. — Très belle épreuve. Rare.

355. Le Coup de Vent : *Groupe tiré du superbe dessin de M. Moreau le jeune, représentant la Revue du Roi, à la Plaine des Sablons.* Gravé par Malbeste. — Très belle épreuve d'une pièce servant de prospectus, très rare avec le texte et dont il n'a été tiré que cent exemplaires. Elle a toute sa marge.

356. J'en accepte l'heureux Présage, par P. Triere. — Très belle épreuve avec les lettres A. P. D. R.

357. Les Précautions, par Martini. — Très belle épreuve avec les lettres A. P. D. R.

358. Le Rendez-vous pour Marly, par Guttenberg. — Très belle épreuve avec les lettres A. P. D. R.

359. La même estampe. — Très belle épreuve sans marge.

360. Les Adieux, par de Launay. — Belle épreuve.

361. La Petite Loge, par Patas. — Très belle épreuve avec les lettres A. P. D. R. Toute marge.

MORLAND (d'après).

362. *The Barn Door*, par Ward. — Superbe épreuve avant la lettre (lettres tracées).

NATTIER (d'après J.-M.).

363. Madame de XX, en Flore (Madame de Pompadour), par Voyez le jeune. — Très belle épreuve avec une très grande marge.

364. Flore à son Lever (Madame du Boccage), par Maleuvre. — Très belle et rare épreuve avant la lettre.

NEIDL (J.).

365. Madame la Duchesse d'Angoulême, d'après Kreutzinger, 1800. Petit in-folio. — Très belle épreuve avec marge. Rare.

PATER (d'après J.-B.).

366. Campement de Troupes. Seule eau-forte originale du maître. — Deux épreuves, dont une est avant toute retouche.

367. Le Désir de plaire. — Le Plaisir de l'Été. Deux pièces faisant pendants, gravées par L. Surugue. — Très belles épreuves.

PETERS (d'après M.).

368. Love, par Ch. White. — Superbe épreuve avec une très grande marge.

369. Sophia, par J. Hogg. — Très belle épreuve, tirée en bistre.

PETIT (G.).

370. Louis XV, Roi de France, en pied, d'après Vanloo. —
Belle épreuve.

371. Marie-Thérèse, Reine de Hongrie, d'après Meytens. In-
folio. — Très belle épreuve avec une grande marge.

POILLY (N.).

372. Mademoiselle de Montpensier en Minerve. In-folio. —
Très belle épreuve, sans marge.

POILLY (à Paris, chez J.-B.).

373. Louis, Dauphin de France. — Marie-Josèphe de Saxe,
sa femme, en pied, en riches costumes de cour. Deux
pièces in-folio, faisant pendants. — Très belles épreu-
ces avec marges.

PORPORATI (N.).

374. Pâris et OEnone. Gravé à la manière noire d'après Van-
der-Werf. — Superbe et rare épreuve avant la lettre.

PRUD'HON (d'après P.-P.).

375. Abrocome et Anzia, par Roger. — Superbe épreuve
avant la lettre. Toute marge.

376. Allégorie à la mémoire de Prud'hon, par M. de Boisfre-
mont. — Très belle épreuve avant toutes lettres.

QUEVERDO (d'après F.-M.).

377. Nouvelle du Bien-Aimé, par Romanet. — Très belle
épreuve avec une très grande marge.

RANSONNETTE (N.).

378. Scène d'Intérieur, intéressante comme costumes et décoration. —Très rare épreuve à l'état d'eau-forte.

RAOUX (d'après J.).

379. Le Rendez-Vous agréable, par Beauvarlet. — Superbe et rare épreuve avant toutes lettres.

380. Angélique et Médor, par de Launay. — Très rare épreuve à l'état d'eau-forte pure.

REGNAULT (N.-F.).

381. Le Matin. — Belle épreuve,

382. La Nuit. — Belle épreuve coloriée.

383. Ah, s'il s'éveillait. — Dors, dors. Deux pièces, faisant pendants, imprimées en rouge. — Très belles épreuves.

384. Le Lever. — Magnifique épreuve, en couleur, avant toutes lettres. Toute marge. Excessivement rare de cette qualité.

REGNESSON (N.).

385. Anne-Marie d'Orléans Longueville, Duchesse de Nemours, d'après Chauveau. In-8°. — Très belle épreuve. Rare.

REMBRANDT VAN RIJN,

386. Joseph racontant ses Songes à sa Famille (B. 37, Ch. B. 9). — Superbe épreuve du premier état : avant les contre-tailles sur le visage et le turban du frère de Joseph, debout derrière lui, ainsi que sur le rideau du lit, vers la droite.

387. L'Annonciation aux Bergers (B. 44, Ch. Bl. 17). — Très belle épreuve.

388. Homme avec Chaîne et Croix (B. 261, Ch. Bl. 257). — Superbe épreuve du second état : avant le prolongement des travaux du fond jusqu'au bord supérieur de la planche. Collections H. Weber et Firmin-Didot.

RENAUD (d'après J.-B.).

389. Psyché et l'Amour, par Beljambe. — Très belle épreuve avant la lettre.

REYNOLDS (d'après sir J.).

390. Lady Charlotte Johnston, par Corbutt. — Très belle
épreuve.

RÉVOLUTION (pièces sur la).

391. Louis XVI, Roi de France. Petit in-folio. — Très belle
épreuve.

392. Louis XVI, dans un médaillon, fixé par un ruban à une
pyramide tronquée, par A. de Saint-Aubin. — Très
belle épreuve avec marge.

393. Louis XVI, Roi des Français. Petit portrait équestre
dans un médaillon ovale ; au fond, la vue du Pavillon
de Flore et d'une partie de la galerie du Bord de l'eau.
A Paris, chez Breton. — Superbe épreuve en couleur
avec toute sa marge. Très rare.

394. Portrait de Louis XVI, d'après Duplessis, par Levachez.
In-8° — Superbe épreuve en couleur. Toute marge.

395. Louis XVI, en pied, coiffé d'un Bonnet Rouge et tenant
une Bouteille à la main. — Très belle épreuve en
couleur. Rare.

396. Portrait de la Reine Marie-Antoinette, vue de profil ;
elle est dirigée vers la gauche dans un médaillon circu-
laire sur la bordure duquel on lit : *Marie-Antoinette
Reine de France, née à Vienne le 2 Nov. 1775.* In-12.
Pièce très rare tirée en bistre. — Superbe épreuve avec
toute sa marge.

397. Portraits de Louis XVI et de Marie-Antoinette. Deux
pièces faisant pendants, gravées d'après Dufree et
Boze. — Très belles épreuves en couleur.

398. Louis XVI. — Marie-Antoinette. Deux pièces in-4° faisant
pendants, gravées en couleur d'après Drelin et
Mme Le Brun, par Sergent et Alix. — Magnifiques
épreuves. Elles sont de la plus grande fraîcheur et
ont toutes leurs marges. Excessivement rares à rencontrer de cette beauté et dans cette condition.

399. La Panthère Autrichienne. — Le Traître Louis XVI. A Paris, chez *Villeneuve*. Deux pièces très curieuses, faisant pendants, gravées à la manière du lavis. Elles représentent les têtes de la reine Marie-Antoinette et du roi Louis XVI dans des médaillons suspendus dans des lanternes. — Superbes épreuves avec toutes leurs marges. Très rares à rencontrer en aussi belle condition.

400. Ménagerie curieuse : les têtes de Henri IV, de Sully et de Louis XVI, posées sur un Serpent en regard les unes des autres. — Toute marge.

401. Madame de Polignac, par Sandoz et Vérité. — Superbe épreuve, imprimée en couleurs, de l'un des plus jolis portraits du personnage. Toute marge.

402. La même estampe. — Superbe épreuve, en noir. —

403. Portrait en pied du Marquis de la Fayette. Gravé par N. Le Mire, d'après Le Paon. — Belle épreuve, tachée.

404. Monsieur de la Fayette, Commandant de la Garde-Nationale. Charmant portrait dans un médaillon ovale, gravé dans le goût de Levachez. — Superbe épreuve avant toutes lettres.

405. Monsieur de la Fayette, Commandant de la Garde-Nationale. Petit portrait équestre, dans un médaillon ovale, gravé au pointillé. A *Paris, chez* Mme *Breton*. — Superbe épreuve, en couleur, avec toute sa marge. Très rare.

406. La Fayette et Bailly, en regard l'un de l'autre. Très jolie pièce gravée au pointillé. A *Paris, chez Marchand*. — Superbe épreuve en couleur. Toute marge.

407. Barra. — Viala. Deux petits portraits dans des médaillons ronds. — La première pièce est imprimée en couleur et tirée sur soie.

408. Marat — Le Pelletier Saint-Fargeau. Deux petits portraits dans des médaillons ronds. — Très belles épreuves tirées sur soie.

409. Le Testament de Louis XVI. Dans la partie supérieure de l'estampe, au-dessus du texte, les portraits du Roi, du Dauphin et de la Dauphine gravés au pointillé. A *Paris, chez Jagot*. — Très belle épreuve avec toute sa marge.

410. Assemblée des Notables tenue à Versailles le 22 février 1787. Gravé par Cl. Niquet, d'après Veny et Girardet. — Très belle épreuve avec marge.

411. Lit de Justice tenu à Versailles, le 6 août 1787. Dessiné et gravé à l'eau-forte par Girardet. — Très belle épreuve avec une grande marge.

412. Charles-Philippe d'Artois sortant de la Cour des Aides de Paris, le 17 août 1787. Gravé par Cl. Niquet, d'après Meunier. — Très belle épreuve avec une grande marge.

413. Séance extraordinaire tenue par Louis XVI, au Palais, le 17 Novembre 1787. Gravé par Cl. Niquet, d'après Meunier et Girardet. — Très belle épreuve avec une grande marge.

414. *Oh! Monsieur, je n'ai pas de quoi vous rendre.* Anecdote sur la rencontre que fit, dans les Champs-Élysées, le dimanche 19 octobre, le roi Louis XVI d'un Enfant auquel il fit l'aumône. — Toute marge.

415. Le même sujet gravé en réduction Pièce coloriée ayant toute sa marge.

416. Ouverture des États Généraux à Versailles le 5 mai 1789. *A Paris, chez Patas.* — Très belle épreuve d'une pièce rare gravée à la manière du lavis. Toute marge.

417. Première Attaque et Prise de la Bastille *A Paris, chez Crepy.* — Superbe épreuve d'une pièce intéressante et rare gravée à la manière du lavis. Tirée en bistre.

418. Prise de la Bastille. *A Paris, chez Basset.* Gravé à la manière du lavis. — Très belle épreuve tirée en bistre.

419. Prise de la Bastille — Démolition de la Bastille. Deux pièces faisant pendants gravées en couleur par Chapuy. — Superbes épreuves avec le titre sans aucunes autres lettres. Très rares.

420. Prise de la Bastille par les Gardes Françaises et les Bourgeois de Paris, le mardi 14 juillet 1789. *A Paris, chez Janinet.* — Toute marge.

421. Première Attaque et Prise de la Bastille. — Pièce anonyme coloriée ayant toute sa marge.

422. Siège de la Bastille. *A Paris, chez Naudet.* — Pièce coloriée. Toute marge.

423. Siège de la Bastille, le 14 juillet 1789. Gravé à la manière du lavis, par P.-F. Germain. — Superbe épreuve, avec marge, de l'une des pièces les plus curieuses et les plus intéressantes de cette série. Elle fait pendant à la pièce représentant le Retour du Roi et de la Reine, de Varennes. Excessivement rare.

424. Délivrance de Monsieur le Comte de Lorges, Prisonnier à la Bastille depuis 32 ans. — Pièce coloriée. Toute marge.

425. J.-B. Cretaine, faisant prisonnier le Major de la Bastille. — Pièce coloriée, ayant toute sa marge.

426. Monument du Despotisme commencé sous Charles V, achevé en 1383; pris le 14 juillet 1789 et démoli aussitôt après sa prise (la Bastille). *A Paris, chez Bance.* Pièce gravée à la manière du lavis. — Très belle épreuve avec marge.

427. Pièce allégorique coloriée sur la Destruction de la Bastille, après la Victoire remportée sur les Ennemis de la Liberté, le 14 juillet 1789. Toute marge.

428. Vainqueur de la Bastille. — Sans Culottes du 10 août, l'an 1er de la République Française. — Deux pièces coloriées avec toutes leurs marges.

429. Monsieur Bailly, Maire de Paris, présentant au Roi les Clefs de la Ville à la Barrière de la Conférence, le 17 juillet 1789. *A Paris, chez Basset.* — Très belle épreuve coloriée ayant toute sa marge. Rare.

430. La Journée à jamais mémorable aux François où Louis XVI, Restaurateur de la Liberté Françoise, se rendit à l'Hôtel de Ville, le 17 du mois de juillet 1789. *A Paris, chez Crepy.* — Très belle épreuve, tirée en bistre, d'une jolie pièce animée d'une multitude de figures. Gravée à la manière du lavis. Marge.

431. La Journée à jamais mémorable aux François, où Louis XVI, Restaurateur de la Liberté Françoise, se rendit à l'Hôtel de Ville, le 17 du mois de juillet 1789. — Grande pièce en largeur, coloriée. Toute marge.

432. Don Patriotique des Illustres Françoises : Plusieurs Ci-
toyennes de Paris venant, le 21 septembre 1789, dépo-
ser sur le Bureau de l'Assemblée Nationale le Coffret
renfermant les Bijoux dont elles font don à la Nation.
— Grande Pièce coloriée en largeur. Toute marge.

433. Tronc National des Dames Françaises. Oh! bravo. Mes-
dames, c'est donc votre tour. (Les Dames de la No-
blesse apportant leur Offrande.) — Pièce coloriée
ayant toute sa marge.

434. Retour des Héroïnes Parisiennes, après l'Expédition de
Versailles du 5 octobre 1789. — Pièce coloriée ayant
toute sa marge.

435. Triomphe de l'Armée Parisienne, réunie au Peuple à son
retour de Versailles à Paris, le 6 octobre 1789. Les
têtes des Gardes-du-Corps sont rapportées au bout des
piques. — Pièce coloriée ayant toute sa marge.

436. Audience du Roi et de la Reine accordée à la Veuve de
l'Infortuné Francis Boulanger, massacré par la popu-
lace le 21 octobre 1789. — Pièce anonyme coloriée.
Toute marge.

437. Un Paysan apportant un Lièvre à un Procureur. Dans la
marge cette légende : *Des suppôts de la Chicane délivrez-nous, Seigneur.* — Pièce coloriée ayant toute sa
marge.

438. Un Laboureur tirant au sort dans le Chapeau que lui pré-
sente un Soldat. Au bas cette légende : *De la Milice
délivrez-nous, Seigneur.* — Pièce coloriée ayant toute
sa marge.

439. Exécution du Marquis de Favras, le 17 février 1790. —
Pièce anonyme coloriée. Toute marge.

440. Vue et Perspective du Champ de Mars, dit de la Fédéra-
tion, le 14 juillet 1790. *A Paris, chez J. Chereau.* —
Grande pièce coloriée en largeur. Toute marge.

441. Vue de la Décoration et Illumination faite sur le terrain
de la Bastille, pour le Jour de la Confédération Française, le 14 juillet 1790. *A Paris, chez J. Chereau.* —
Pièce coloriée. Toute marge.

442. Vue du plan du Champ de Mars, tel qu'il a été décoré pour la Confédération du 14 juillet 1790. — Pièce coloriée. Toute marge.

443. Vue du Champ de Mars, à l'instant où le Roi, les Députés à l'Assemblée Nationale et les Fédérés réunis y prononcent le Serment civique, le 14 juillet 1790. Jolie pièce en couleur, gravée par Janinet, d'après Meunier. Superbe épreuve avec toute sa marge.

444. Confédération Nationale du 24 juillet 1790. — Pièce anonyme curieuse, dédiée à Louis XVI, Roi des Français et Père d'un Peuple libre, avec couplets sur les côtés et des vers dans la marge inférieure. Toute marge.

445. Vox Populi : Obéissance au Roi, Justice au Peuple, Lois pour tous. — Pièce allégorique coloriée. Toute marge.

446. Chevaliers du Poignard, désarmés par ordre du Roi au Château des Tuileries, le 28 février 1791. — Très grande et très importante pièce coloriée, en largeur. Toute marge. Rare.

447. La Liberté des Entrées par la Barrière d'Enfer, le 1er mai 1791. *A Paris, chez Prieur*. — Toute marge.

448. Ordre du Cortège pour la Translation des Mânes de Voltaire, le lundi, 11 juillet 1791. *A Paris, chez Basset*. — Très grande pièce en largeur animée d'un grand nombre de figures. Épreuve coloriée avec toute sa marge. Très rare.

449. Première vue de la Bataille de Jemmapes, 1792. Gravé à l'eau-forte, par Bertaux, d'après Boijot. — Très belle épreuve avec marge.

450. Le Bonjour ci-devant Royal. *London*, 1792. — Grande et jolie pièce coloriée en largeur. Toute marge.

451. La Royauté anéantie par les Sans-Culottes du 10. *A Paris, chez Auger*. — Grand placard colorié ayant toute sa marge.

452. Égalité : Les Porteurs de Charbon et les Chevaliers de Saint-Louis déposant, au Secrétariat de la Municipalité, les Croix de Saint-Louis, les médailles et autres

Insignes qu'ils tenaient de l'ancien Régime. *A Paris,
chez le Citoyen Queverdo.* Jolie pièce bien gravée. —
Très belle épreuve avec toute sa marge.

453. Louis XVI, la Couronne Royale sur la tête, jouant aux
Cartes avec un Homme du Peuple. Dans la marge
cette inscription : *J'ai écarté les cœurs, il a les piques,
et je suis capot.* Jolie pièce gravée à la manière du
lavis. — Très belle épreuve avec toute sa marge.

454. Le Convoi de la Royauté. — Très grande et très jolie
pièce allégorique en largeur, curieuse et intéressante
comme costumes. Elle est coloriée et à toute sa
marge. Très rare.

455. Un mur; sur ce mur, une main trace avec une plume
l'inscription suivante : *Dieu a calculté ton reigne et la
mis à fin. Tu as été mis dans la Balance et tu as été trouvé
trop léger.* Au-dessus en dehors du trait carré : *Loúis
le Traître, lis ta Sentence.* — Dans la marge inférieure
une légende extraite de la Réponse du citoyen Duro-
cher aux Réflexions de l'Agioteur Necker. Au milieu
de cette légende une guillotine sur la base de laquelle on lit : *Elle attend le Coupable.* A Paris, chez
Villeneuve. Pièce, du plus haut intérêt et de la plus
grande rareté, gravée à la manière du lavis. —Superbe
épreuve avec toute sa marge.

456. Exécution de Louis Capet, XVIe du nom, le 21 janvier 1793.
A Paris, chez Basset. La scène est prise au moment
où le Bourreau montre au Peuple la tête du Roi. Cette
pièce, gravée à l'eau-forte, la plus importante sur cet
évènement historique, peut être considérée comme
la plus authentique. L'épreuve est coloriée et a toute
sa marge. Excessivement rare.

457. La Tête de Louis XVI décapité présentée au Peuple. Dans
le haut, au-dessus du trait carré : *Matière à réflection
pour les Jongleurs couronnés;* au bas, au-dessus du trait
carré, dans l'intérieur de l'estampe : *Qu'un sang
impur abreuve nos sillons;* dans la marge, une inscription extraite de la 3me lettre de Robespierre à ses

Commettants ; au milieu de cette inscription, un
Triangle égalitaire surmonté d'un Bonnet Phrygien.
A Paris, chez Villeneuve. Pièce fort bien gravée à la
manière du lavis. — Très belle épreuve avec toute
sa marge. Très rare.

458. Le Passe-temps agréable de la Tour du Temple. Pièce
satirique sur le Roi et sa Famille, publiée à Londres
en 1797. — Très belle épreuve avec toute sa marge.
Coloriée.

459. La Famille Royale au Temple, le 24 janvier 1793, après
la fin tragique de Louis XVI. Gravée par M. Bovi
d'après un dessin fait d'après nature par un anonyme.

460. Cette Leçon vaut bien un Fromage sans doute ! Pièce
satirique coloriée. Toute marge.

461. Fontaine de la Régénération sur les débris de la Bastille, le 10 août 1793. Gravé par Hulk, d'après Monnet.
— Très belle et rare épreuve avant la lettre. Toute
marge.

462. Fraternité. Pièce allégorique, tirée en bistre. *A Paris,
chez Basset.* Toute marge.

463. Honneurs Rendus à la Pauvreté en l'Église Saint-Jacques
de la Boucherie. — Pièce coloriée. Toute marge.

464. Vive la Nation et les Sans-Culottes ! Un Sans-Culotte vu
en buste, chantant : *Ah ! ça ira.* — Pièce coloriée.
Toute marge.

465. Dans un Cartouche surmonté du Bonnet Phrygien, entouré de Faisceaux et de Drapeaux, on lit l'inscription
suivante : *Unité, Indivisibilité de la République, Liberté,
Égalité, Fraternité ou la Mort.* A Paris, chez Chereau.
Grand placard colorié que l'on avait chez soi comme
témoignage de civisme.

466. Autre placard colorié avec l'inscription suivante : —
Unité, Indivisibilité de la République. *De l'Imprimerie
de Tremblay.* — Toute marge.

467. Pièce Satirique curieuse sur les Vendeurs d'Argent. La
scène est prise au Perron du Palais-Royal. — Très
belle épreuve coloriée avec toute sa marge. Rare.

468. Le Marchand d'Argent bâtonné : L'Agiot au Palais-
Royal.—Pièce anonyme coloriée ayant toute sa marge.

469. Le Triomphe de la Montagne. Grande pièce allégorique
en hauteur, gravée et dessinée par P. Lelu. — Très
belle épreuve avec toute sa marge.

470. La Raison. Figure allégorique, gravée en couleur par
J.-B. Chapuy, d'après Boissot. — Très belle épreuve
avec marge.

471. Inauguration du Buste de Marat au Tombeau qui a été
élevé pour sa Gloire et celle de Lazowski place de la
Réunion à Paris, l'an 2 de la République Française
Une et Indivisible. Dessiné et gravé par Ransonette.
— Très belle épreuve avec marge. Rare.

472. Exécution Populaire à Strasbourg le 25 juin 1793 :
Exécution en Effigie des trois Scélérats Klinglin,
Heyman et Bouillé, Protecteurs de la Fuite du Roi.
— Pièce coloriée ayant toute sa marge.

RICHOMME (J.-T).

473. Neptune et Amphitrite, d'après J. Romain. — Superbe
épreuve avant toutes lettres, seulement les noms des
artistes tracés à la pointe.

474. Napoléon en buste, d'après le Baron Gérard. — Superbe
épreuve avant toutes lettres sur Chine.

ROBERTSON (d'après J.).

475. Mistress W. Stuart. Gravé en couleur par Brett. — Très
belle épreuve avec toute sa marge.

ROMANET (A.).

476. Le Sommeil, d'après le Titien. — Superbe épreuve avant
toutes lettres.

ROULLET.

477. Dame Catherine Touchelée, femme d'Hilaire Clément,
d'après Cotelle. In-folio. — Très belle épreuve avant
le chiffre. Grande marge.

ROWLANDSON (d'après T.).

478.   Le Vaux-Hall, par Pollard. — Pièce capitale du maître. — Très belle et ancienne épreuve en couleur.

SAINT-AUBIN (d'après G. de).

479.   Ballet dansé au Théâtre de l'Opéra, dans le Carnaval du Parnasse. — La Guinguette, Divertissement panto-mime du Théâtre-Italien. Deux pièces faisant pen-dants, gravées par Basan. — Très belles épreuves sans marges.

SAYER (R.).

480.   La Perte irréparable. — Superbe et très rare épreuve avant toutes lettres. Remargée.

SCHENK (P).

481.   Madame de Montespan. Gravé à la manière noire. — Très belle épreuve.

SCHWEIDER.

482.   Première Leçon d'Amour. — Déclaration d'Amour. Deux pièces en couleur, faisant pendants, gravées au poin-tillé d'après Bartolozzi. — Très belles épreuves avec toutes leurs marges.

SERGENT (A.).

483.   Portrait de Monsieur de Necker, d'après Duplessis. — Superbe épreuve avant la lettre. Rare.

484.   Zachʳ Grégᵗᶜʰ, Comte de Zchernicheff, Gouverneur Géné-ral de Moscou, d'après de Meys. In-8°. — Superbe épreuve en couleur. Très rare.

SIMON (P.).

485.   Tom-Jones (pour l'Illustration de). Deux pièces faisant pendants, gravées d'après Downman. — Très belles épreuves.

SMITH.

486. Bonaparte, Premier Consul, en pied, d'après Appiani.
Grand In-folio. — Très belle épreuve en couleur.

SMITH (?)

487. Portrait d'une Jeune Dame en Toilette de Cour. (La
Comtesse d'Artois (?). Charmante pièce gravée à la ma-
nière noire. — Superbe épreuve avant toutes lettres.
Très rare.

STEE (P.).

488. Miss Salethea Dankeno. Gravé à la manière noire d'après
Foer. — Très belle épreuve.

STRANGE (R.).

489. Vénus. — Danaë. — Deux pièces faisant pendants, gravées d'après les tableaux du Titien. — Belles épreuves.

TANCHE (d'après N.).

490. Le Danger des Bosquets. — Les Désirs Naissants. Deux
pièces faisant pendants, gravées par Le Beau. — Superbes épreuves avec de grandes marges.

TAUNAY (d'après).

491. Le Tambourin, par Descourtis. — Très belle épreuve
sans marge. En couleur.

492. La Rixe, par Descourtis. — Très belle épreuve sans
marge. En couleur.

493. La Noce de Village. — Très jolie réduction du motif
principal de l'estampe gravée par Descourtis. Rare.

TOMKIMS (P.-W.).

494. A la Française or the French Fireside. — Dressing Room
à la Française. Deux très jolies pièces, très intéressantes comme costumes, faisant pendants. Gravées
d'après Ch. Ansell. — Très belles épreuves.

TOURNEYSER (H.).

493. Anne-Marie-Louise d'Orléans, Duchesse de Montpensier. In-folio. — Superbe et rare épreuve avant la lettre, sans marge.

TOUZÉ (d'après J.-L.).

496. La Présidente Tourvel, par R. Girard. — Très belle épreuve.

TRINQUESSE (d'après L.).

497. L'Irrésolution ou la Confidence, par J.-A. Pierron. — Très belle épreuve.

TURNER (C.).

498. Napoléon, en pied. Gravé à la manière noire d'après Ch. Lock Eastlake. Grand in-folio. — Très belle épreuve avant la lettre.

VALCK (G.).

499. Ortance Mancini, Duchesse de Mazarin, d'après P. Lely. In-folio. — Très belle épreuve.

VAN BLEECK.

500. Griffin et Johnson, dans les rôles de Tribulation et d'Ananias. Gravé en manière noire par A.-B. en 1748. — Très belle épreuve.

VANLOO (d'après C.).

501. Le Bain de Diane, par Picot. — Très belle épreuve en couleur, sans marge.

502. Sainte Geneviève, par Balechou. — Superbe et rare épreuve avant toutes lettres et avant le jupon rallongé.

VANLOO (d'après J.).

503. Le Coucher, par Porporati. — Très belle épreuve.

4

VILLENEUVE (à Paris, chez).

504. Ah l'Bon Décret. Pièce satirique et grivoise gravée en couleur et tirée sur fond rouge, publiée lors de la Déclaration des Droits de l'Homme. — Très belle épreuve avec marge.

VIGNETTES.

505. *Eisen* (C.). Fleuron de l'Hymne au Baiser, gravé par A. Née.

506. En-tête pour le Ier Baiser, gravé par de Longueil. —

507. En-tête du IIIme Baiser, gravé par N. de Launay. —

508. En-tête du Vme Baiser, gravé par J. Aliamet. —

509. En-tête du VIme Baiser, gravé par Née. —

510. En-tête du VIIme Baiser, gravé par Lingée. —

511. En-tête du VIIIme Baiser, gravé par de Longueil. —

512. En-tête du IXme Baiser, gravé par Massard. —

513. En-tête du XIVme Baiser, gravé par Née. —

514. Fleuron du XVme Baiser, gravé par Née. —

515. En-tête du XVIIIme Baiser, gravé par Masquelier. —

516. En-tête du XIXme Baiser, gravé par N. de Launay. —
Les douze pièces précédentes pour l'illustration des Baisers de Dorat, sont superbes. Elles sont avant la lettre, tirées hors texte et ont toutes leurs marges.

517. *Gravelot* (d'après H.). Fleurons pour le *Décaméron* de Boccace. 52 pièces. — Très belles épreuves avant toutes lettres, tirées hors texte. Elles ont toutes leurs marges.

518. *Marillier* (d'après). Cul-de-lampe, pour les œuvres d'Arnaud. — Très belle épreuve avant la lettre, tirée hors texte, grande marge.

519. *Stothard* (d'après R.-A.). Illustrations pour *Robinson Crusoé*. Suite complète de vingt planches, plus deux fleurons. — Superbes épreuves avant la lettre, sur chine. Toute marge.

520. Illustrations pour les Œuvres de Shakespeare, par *the Etching-Club*. Londres, 1843, vingt planches grand in-4°. — Superbes épreuves sur chine.

WARD (W.).

521. *Hésitation*. — Charmante pièce en couleur.

WATTEAU (d'après A.).

522. L'Amour au Théâtre-Français, par C.-N. Cochin. — Très belle épreuve.

523. Campement de Troupes. — Pour garder l'Honneur d'une Belle. — Belle, n'écoutez rien. — Costumes de Théâtre, etc. Sept pièces. — Belles épreuves.

524. L'Emploi du Bel Age, par Aveline. — Belle épreuve.

525. L'Indiscret, par Aubert. — Très belle épreuve.

526. *Qu'ay-je fait, assassins maudits?* etc., par Joullain. — Très belle épreuve.

527. Le Passe-Temps, par B. Audran. — Très belle épreuve avec toute sa marge ; elle a une déchirure.

528. Le May. — Très belle épreuve d'une rare et charmante pièce gravée à l'eau-forte par un anonyme. Sans marge.

529. La Danse Bachique. — La Voltigeuse. Deux pièces, arabesques, gravées par Huquier. — Très belles épreuves.

530. Les Jardins de Cythère. — Le Berger content. — L'Heureux Moment. — Trois pièces arabesques.

WHEATLEY (d'après F.).

531. L'Été. — L'Hyver. Deux très jolies pièces faisant pendants, gravées par Bartolozzi. — Très belles épreuves avec de grandes marges.

532. La Jeune Bergère. — Très belle épreuve avant la lettre. En couleur.

533. Cris de Londres : — La Marchande de Fraises. Gravé par Vendramini. — Très belle épreuve tirée en bistre.

WOLFF L'AINÉ (d'après).

534. La Douce Minette. — Les Pommes de Terre. Deux pièces faisant pendants, gravées au pointillé par Wolff jeune. — Très belles épreuves.

ZEHCAVEL.

535. Napoléon Bonaparte en pied. Gravé en couleur, d'après R. Lefèvre. Grand in-folio. — Très belle épreuve.

536. Sous ce Numéro il sera vendu par lots quelques estampes en noir et en couleur.

Paris. — Typ. G. Chamerot, 19, rue des Saints-Pères. — 12108.

www.ingramcontent.com/pod-product-compliance
Ingram Content Group UK Ltd.
Pitfield, Milton Keynes, MK11 3LW, UK
UKHW021710130726
13696UKWH00004B/1739